大方廣佛華嚴經 寫經

24

🪷 일러두기

1. 『사경본 한글역 대방광불화엄경』은 『독송본 한문·한글역 대방광불화엄경』에 수록된 한글역을 사경하는 데 편의를 도모하기 위해 편집을 달리하여 간행한 것이다.

2. 『독송본 한문·한글역 대방광불화엄경』은 실차난타가 한역(695~699)한 80권 『대방광불화엄경』의 한문 원문과 한글역을 함께 수록한 것이다. 한문 저본은 고종 2년(1865) 월정사에서 인경한 고려대장경 『대방광불화엄경』이다.

3. 한글 번역은 동국역경원에서 발간한 한글 『대방광불화엄경』(운허)을 중심으로 하고 『신화엄경합론』(탄허)과 『대방광불화엄경 강설』(여천무비) 그리고 최근의 여타 번역본 등을 참조하였다.

4. 한글 번역은 독송과 사경을 위하여 정확성과 아울러 가독성을 고려하였다. 극존칭은 부처님과 불경계에 대해서만 사용하였다.

5. 사경본의 차례는 일러두기 → 한글역 본문 → 화엄경 목차 → 간행사이며 80권 『대방광불화엄경』의 권별 목차 순으로 독송본과 함께 간행한다. (법공양판에는 간행사 다음에 간행불사 동참자를 밝혀두었다.)

사경본 한글역

대방광불화엄경 제24권

25. 십회향품 [2]

수미해주

大方廣佛華嚴經第二十四卷變相 周

대방광불화엄경 제24권 변상도

대방광불화엄경
제24권

25. 십회향품 [2]

_____ 은(는) 『대방광불화엄경』을
사경하는 인연공덕으로
『화엄경』이 널리 유통되고
우리 모두 다함께 보리 이루기를 발원하옵니다.

대방광불화엄경
제24권

25. 십회향품 [2]

"불자들이여, 무엇을 보살마하살
의 깨뜨릴 수 없는 회향이라 하는
가?

불자들이여, 이 보살마하살이 과

거와 미래와 현재의 모든 여래의 처소에서 깨뜨릴 수 없는 믿음을 얻으니 일체 부처님을 다 능히 받들어 섬기는 까닭이며, 모든 보살들과 내지 처음으로 한 생각 마음을 내어 일체지를 구하는 이에게 깨뜨릴 수 없는 믿음을 얻으니 일체 보살의 선근을 닦기를 서원하여 피로해하거나 싫어함이 없는 까닭이다.

일체 부처님 법에 깨뜨릴 수 없는 믿음을 얻으니 깊이 즐거움의 뜻을 내는 까닭이며, 일체 부처님의 가르침에 깨뜨릴 수 없는 믿음을 얻으니 수호하고 머물러 지니는 까닭이며, 일체 중생에게 깨뜨릴 수 없는 믿음을 얻으니 인자한 눈으로 평등하게 관찰하고 선근으로 회향하여 널리 이익을 주는 까닭이다.

일체 희고 깨끗한 법에 깨뜨릴 수 없는 믿음을 얻으니 가없는 모든 선근을 널리 모으는 까닭이며, 일체 보살의 회향하는 도에 깨뜨릴 수 없는 믿음을 얻으니 수승한 모든 욕망과 이해를 만족하는 까닭이다.

일체 보살 법사에게 깨뜨릴 수 없는 믿음을 얻으니 모든 보살들에게 부처님이라는 생각을 일으키는 까닭이며, 일체 부처님의 자재한 신통에 깨뜨릴 수 없는 믿음을 얻으니 모든 부처님의 사의하기 어려움을 깊이 믿는 까닭이며, 일체 보살의 선교 방편행에 깨뜨릴 수 없는 믿음을 얻으니 갖가지 한량없고 수없는 행의 경계를 거두어 가지는 까닭이다.

불자들이여, 보살마하살이 이와 같이 깨뜨릴 수 없는 믿음에 편안히 머무를 때에, 부처님과 보살과 성문과 독각과 모든 부처님의 가르침과 모든 중생들의 이와 같은 갖가지 경계 가운데 모든 선근을 심는 것이 한량없고 가없으며, 보리심으로 하여금 점점 더욱 증장하게 한다.

자비가 광대하여 평등하게 관찰하며, 모든 부처님께서 지으시는 바를 수순하여 닦고 배우며, 일체 청정한 선근을 거두어 지니며, 진실한 이치에 들어가서 복덕의 행을 모으며, 큰 보시를 행하고 모든 공덕을 닦으며,

삼세를 평등하게 관한다.

보살마하살이 이와 같은 선근 공덕으로 일체지에 회향하되, 모든 부처님을 항상 친견하며, 선우를 친근하며, 모든 보살들과 더불어 함께 머무르며, 일체지를 생각하여 마음이 잠깐도 버리지 아니하며, 부처님의 가르침을 받아 지녀서 부지런히 더욱 수호하며, 일체 중생을 교화하고 성숙시키며, 마음으로 항상 세간을 벗어나는 길에 회향하며, 일체 법사를 공양하고 섬기며, 모든 법을 분명히 알아 기억하고 지녀서 잊지 아니하며, 큰 원을 수행하여 다 만족케 하기를 원한다.

보살이 이와 같이 선근을 쌓아 모으며, 선근을 성취하며, 선근을 증장하며, 선근을 사유하며, 선근에 마음을 매어 두며, 선근을 분별하며, 선근을 좋아하며, 선근을 닦아 익히며, 선근에 편안히 머무른다.

　　보살마하살이 이와 같이 모든 선근을 쌓아 모으고는, 이 선근으로 얻은 바 의지한 과보로 보살행을 닦아 생각생각에 한량없는 부처님을 친견하고 그 알맞은 바대로 받들어 섬기고 공양올리되, 아승지 보배와 아승지 꽃과 아승지 화만과 아승지 옷과 아승지 일산과 아승지 당기와 아승지 깃발과 아승지 장엄구와 아승지 시중과 아승지 장식한 땅과 아승지 바르는 향과 아승지 가루향과 아승지 혼합한 향과 아승지 사르는 향으로 한다.

　아승지 깊은 믿음과 아승지 즐기고 좋아함과 아승지 청정한 마음과 아승지 존중과 아승지 찬탄과 아승지 예경으로 한다.

　아승지 보배자리와 아승지 꽃자리와 아승지 향자리와 아승지 화만자리와 아승지 전단자리와 아승지 옷자리와 아승지 금강자리와 아승지 마니자리와 아승지 비단자리와 아승지 보배색자리로 한다.

　아승지 보배로 된 경행하는 곳과,

아승지 꽃으로 된 경행하는 곳과, 아
승지 향으로 된 경행하는 곳과, 아
승지 화만으로 된 경행하는 곳과, 아
승지 옷으로 된 경행하는 곳과, 아
승지 보배가 사이사이 섞인 경행하
는 곳과, 아승지 일체 보배채색비단
으로 된 경행하는 곳과, 아승지 일체
보배다라나무로 된 경행하는 곳과,
아승지 일체 보배로 난간을 두른 경
행하는 곳과, 아승지 일체 보배의 방
울그물이 덮인 경행하는 곳으로 한다.

아승지 일체 보배궁전과, 아승지

일체 꽃궁전과, 아승지 일체 향궁전과, 아승지 일체 화만궁전과, 아승지 일체 전단궁전과, 아승지 일체 견고묘향장궁전과, 아승지 일체 금강궁전과, 아승지 일체 마니궁전이 모두 다 수승하고 묘하여 모든 하늘보다 뛰어난 것으로 한다.

아승지 모든 여러 가지 보배나무와 아승지 갖가지 향나무와 아승지 모든 보배옷나무와 아승지 모든 음악나무와 아승지 보배장엄구나무와 아승지 묘한 음성나무와 아승지 싫

음 없는 보배나무와 아승지 보배채
색비단나무와 아승지 보배귀걸이나
무와 아승지 일체 꽃과 향과 당기
와 깃발과 화만과 일산으로 장엄한
나무인, 이와 같은 나무들이 무성하
고 그늘을 지어 궁전을 장엄한 것이
다.

그 모든 궁전에 다시 아승지 난간
장엄과 아승지 창호장엄과 아승지
문장엄과 아승지 누각장엄과 아승
지 반달장엄과 아승지 휘장장엄이
있어서, 아승지 금그물이 그 위에 덮

였고 아승지 향이 두루 널리 풍기며 아승지 옷이 그 땅에 펼쳐졌다.

불자들이여, 보살마하살이 이와 같은 등의 모든 공양구로, 한량없고 수없고 말할 수 없이 말할 수 없는 겁 동안에, 깨끗한 마음으로 일체 모든 부처님께 존중하고 공경하고 공양올리되 항상 퇴전하지 아니하고 쉬지 아니하며, 한 분 한 분의 여래께서 멸도하신 뒤에는 있는 바 사리

에도 다 또한 이와 같이 공경하고 공
양올린다.

일체 중생으로 하여금 청정한 믿음
을 내게 하기 위한 까닭이며, 일체
중생이 선근을 거두어들이게 하기
위한 까닭이며, 일체 중생이 모든 고
통을 여의게 하기 위한 까닭이며, 일
체 중생이 광대하게 알게 하기 위한
까닭이다.

일체 중생이 큰 장엄으로써 장엄
하게 하기 위한 까닭이며, 한량없는
장엄으로써 장엄하게 하기 위한 까

닭이며, 모든 짓는 일이 구경에 이르게 하기 위한 까닭이며, 모든 부처님의 출현하심이 만나기 어려움을 알게 하기 위한 까닭이다.

여래의 한량없는 힘을 만족케 하기 위한 까닭이며, 부처님의 탑묘를 장엄하고 공양올리게 하기 위한 까닭이며, 일체 모든 부처님의 법에 머물러 지니게 하기 위한 까닭이다.

이와 같이 현재 모든 부처님과 멸도하신 뒤에 있는 바 사리에 공양올리니, 그 모든 공양은 아승지겁 동안 말하여도 다할 수 없다.

이와 같이 한량없는 공덕을 닦아 모으는 것은 다 일체 중생을 성숙시키기 위한 것이니, 퇴전함이 없고 휴식도 없으며 피로해하거나 싫어함이 없으며 집착함도 없어서 모든 생각을 여의었으며 의지함이 없어서 의지할 바를 영원히 끊는다.

'나'와 '나의 것'을 멀리 여의고, 실제와 같은 법의 도장으로 모든 업의 문에 도장 찍으며, 법이 남이 없음을 얻어 부처님께서 머무르시는 데 머무르며, 남이 없는 성품을 관찰하여 모든 경계에 도장 찍는다.

모든 부처님의 호념으로 발심하여 회향하니 모든 법의 성품과 서로 응하는 회향이며, 지음이 없는 법에 들어가 짓는 바를 성취하는 방편 회향이며, 일체 모든 일에 집착하는 생각을 버려 여의게 하는 방편 회향이며,

한량없는 선교에 머무르는 회향이
며, 일체 모든 유에서 영원히 벗어나
는 회향이며, 모든 행을 수행하되 모
양에 머무르지 않는 선교 회향이다.

일체 선근을 널리 거두는 회향이
며, 일체 보살의 모든 행을 널리 청정
하게 하는 광대한 회향이며, 위없는
보리심을 내는 회향이며, 일체 선근
과 함께 머무르는 회향이며, 최상의
믿고 이해하는 마음을 만족하는 회
향이다.

불자들이여, 보살마하살이 모든 선근으로 이와 같이 회향할 때에 비록 생사를 따르지만 고쳐 바꾸지 않으며, 일체지를 구하되 일찍이 퇴전하지 않으며, 모든 유에 있으나 마음이 움직이거나 흔들리지 않는다.

일체 중생을 모두 능히 제도하여 해탈케 하며, 유위법에 물들지 아니하며, 걸림 없는 지혜를 잃지 아니하며, 보살의 수행하는 지위에 인연이 다함이 없으며, 세간의 모든 법으로 능히 변동하지 못하며, 청정한 모든 바라밀을 구족하며, 일체 지혜의 힘을 다 능히 성취한다.

보살이 이와 같이 모든 어리석음의 어둠을 여의고 보리심을 이루며, 광명을 열어 보이고 청정한 법을 증장하며, 수승한 도에 회향하여 온갖 행을 구족한다.

청정한 뜻으로 잘 능히 분별하여 일체 법이 다 마음을 따라 나타남을 알며, 업은 환과 같고 업의 과보는 영상과 같고 모든 행은 환화와 같고 인연으로 생기는 법은 모두 다 메아리와 같고 보살의 모든 행은 일체가 그림자와 같음을 안다.

집착이 없는 청정한 법의 눈을 출생하여 지음이 없는 광대한 경계를 보며, 적멸한 성품을 증득하여 법에 두 가지가 없음을 알아 법의 실상을 얻으며, 보살의 행을 갖추어 일체 형상에 다 집착하는 일이 없으며, 잘 능히 수행하여 모든 업을 함께 지으며, 희고 깨끗한 법을 항상 폐하여 버리지 않으며, 일체 집착을 여의고 집착이 없는 행에 머무른다.

보살이 이와 같이 공교하게 사유하여 미혹이 없어서 모든 법을 어기지 아니하며, 업의 인을 깨뜨리지 아니하며, 진실한 것을 분명히 보아 공교하게 회향하며, 법의 자성을 알고 방편의 힘으로 업의 과보를 성취하여 저 언덕에 이른다.

지혜로 일체 모든 법을 관찰하여

신통의 지혜를 얻고, 모든 업의 선근을 지음 없이 행하되 마음을 따라 자재한다.

보살마하살이 모든 선근으로 이와 같이 회향하는 것은 일체 중생을 제도해 해탈케 하여 부처님의 종자를 끊지 않고, 마군의 업을 영원히 여의며, 일체 지혜가 끝이 없음을 보아 믿고 즐겨하여 버리지 아니하며, 세간의 경계를 떠나서 모든 섞이어 물

닮을 끊고자 하기 위함이다.

또한 중생들이 청정한 지혜를 얻어 깊은 방편에 들어가며, 생사의 법에서 벗어나 부처님의 선근을 얻으며, 일체 모든 마군의 사업을 영원히 끊으며, 평등한 도장으로 널리 모든 업에 도장 찍으며, 마음을 내어 일체종지에 들어가서 일체 출세간법을 성취하기를 원하는 것이다.

불자들이여, 이것이 보살마하살의 둘째 깨뜨릴 수 없는 회향이다.

보살마하살이 이 회향에 머무르는 때에 일체 수없는 모든 부처님을 친견하고 한량없이 청정하고 묘한 법을 성취하여 널리 중생들에게 평등한 마음을 얻고, 일체 법에 의혹이 없으며, 일체 모든 부처님 위신력의 가피를 입어 온갖 마군을 항복받아 그 업을 영원히 여읜다.

귀한 데 태어남을 성취하여 보리심을 만족하며, 걸림 없는 지혜를 얻되 다른 이의 이해를 말미암지 않으며, 일체 법과 뜻을 잘 능히 열어 보이며, 능히 생각하는 힘을 따라 일체 세계에 들어가며, 중생들을 널리 비추어 다 청정하게 한다.

보살마하살이 이 깨뜨릴 수 없는 회향의 힘으로 모든 선근을 거두어 이와 같이 회향한다.”

그때에 금강당 보살이 시방을 관찰하고 부처님의 위신력을 받들어 곧 게송을 설하여 말씀하였다.

보살이 이미

깨뜨릴 수 없는 뜻을 얻어

일체의 모든 선한 업을

닦아 행함이라

그러므로 부처님께서

환희하시게 하니

지혜있는 자들은

이로써 회향하도다.

한량없고 가없는 부처님께

공양올리며

보시와 지계로

모든 근을 조복하고
모든 중생들을
이익케 하여
널리 일체로 하여금
다 청정케 하려 하도다.

일체 가장 미묘한
모든 향과 꽃과
한량없이 차별한
수승한 의복과
보배 일산과
장엄구로써

일체 모든 여래께
공양 올리도다.

이와 같이 모든 부처님께
공양 올리기를
한량없고 수없고 사의하기 어려운
겁 동안 하더라도
공경하고 존중하고
항상 환희하여
일찍이 한 생각도 피로하거나
싫어함을 내지 않도다.

전심으로 일체 세간의

크고 밝은 등불이신

모든 부처님을

생각하니

시방에 계시는

모든 여래께서 현전하시어

눈으로 본 것과

같지 않음이 없도다.

불가사의한

한량없는 겁에

갖가지로 보시하되

마음에 싫어함이 없으며
백천만억
많은 겁 동안에
모든 선법을 닦음도
다 이와 같도다.

저 모든 여래께서
멸도하신 뒤
사리에 공양올리고
만족해 싫어함이 없어
모두 갖가지
미묘한 장엄으로써

사의하기 어려운
온갖 탑묘를 건립하도다.

같을 이 없는 가장 수승한
형상을 조성하여
보석 박힌 깨끗한 금으로
장엄하니
매우 높고 커서
수미산왕과 같고
그 수효는 한량없는
백천억이로다.

청정한 마음으로
존중하여 공양올리고는
다시 환희하고
이익케 할 생각을 내어
부사의한 겁 동안
세간에 살면서
중생들을 구호하여
해탈케 하도다.

중생들이 다 망상인 줄
분명히 알고
저 일체에

분별이 없지만
능히 중생들의 근기를
잘 분별하여
널리 군생들을 위하여
요익을 짓도다.

보살이 모든 공덕을
닦아 모으니
넓고 크고 가장 수승하여
견줄 수 없으나
체성이 다 있지 않음을
요달하고

이와 같이 결정하여
모두 회향하도다.

가장 수승한 지혜로
모든 법을 관찰하니
그 가운데 한 법도
생겨남이 없음이라
이와 같은 방편으로
회향을 닦으니
공덕이 한량없고
다함이 없도다.

이러한 방편으로
마음을 깨끗하게 하여
다 일체 여래와
더불어 평등하니
이러한 방편의 힘은
다하지 않아
그러므로 복의 과보도
끝까지 다함이 없도다.

위없는 보리심을
일으켜서
일체 세간에

의지할 것이 없으니
시방의 모든 세계에
널리 이르러도
일체에
걸리는 바가 없도다.

일체 여래께서
세간에 출현하신 것은
중생 마음을 열어서
인도하려 하심이니
그 마음 성품과 같이
관찰하면

끝까지 추구해도
얻을 수 없도다.

일체 모든 법은
남음이 없이
진여에 다 들어가
체성이 없으니
이 청정한 눈으로
회향하여서
저 세간의
생사감옥을 열도다.

비록 모든 존재로 하여금

다 청정케 하지만

또한 모든 존재를

분별하지 아니하며

모든 존재의 성품이

있는 바 없음을 알아서

환희하며 뜻이

청정하게 하도다.

한 부처님 국토에

의지하는 바 없고

일체 부처님 국토에도

다 이와 같으며
또한 유위법에도
물들지 아니하여
저 법성이 의지할 곳
없음을 알도다.

이것으로 일체지를
닦아 이루며
이것으로 위없는
지혜를 장엄하며
이것으로 모든 부처님께서
다 환희하시니

이것이 보살들의
회향하는 업이로다.

보살이 전심으로
모든 부처님의
위없는 지혜와
공교한 방편을 생각하고
부처님께서
일체에 의지하시는 바가 없듯이
나도 이 공덕을 닦아
이루기를 원하도다.

전심으로

일체를 구호하여

그로 하여금 온갖 악업을

멀리 여의게 하니

이와 같이 모든 군생들을

요익하게 하려고

뜻을 두어 사유하고

일찍이 버리지 않도다.

지혜의 지위에 머물러

법을 수호하며

다른 수레로

열반을 취하지 않고
오직 부처님의 위없는 도를
얻기 원하니
보살이 이와 같이
잘 회향하도다.

중생들의
하는 말과
일체 유위의 허망한 일을
취하지 아니하여
비록 다시 언어의 길을
의지하지 않으나

또한 다시 말이 없는 것에도
집착하지 않도다.

시방에 계시는
모든 여래께서
모든 법을
남김없이 요달하시니
비록 일체가
다 공적함을 아시지만
공에 마음을
일으키지 않으시도다.

한 장엄으로
일체를 장엄하되
또한 법에
분별을 내지 않으니
이와 같이
모든 군생들을 깨우치나
일체가 성품이 없고
관할 바도 없도다.

"불자들이여, 무엇을 보살마하살의 일체 부처님과 평등한 회향이라 하는가?

불자들이여, 이 보살마하살이 과거와 미래와 현재의 모든 부처님 세존의 회향하는 도를 따라서 닦고 배운다.

이와 같이 회향하는 도를 닦고 배울 때에 일체 색과 내지 촉과 법의 아름답거나 추악함을 보더라도 사랑

하고 미워함을 내지 아니하여 마음이 자재함을 얻어서 모든 허물이 없으며, 넓고 크고 청정하며, 환희하고 즐거워서 모든 근심과 번뇌를 여의며, 마음이 부드럽고 모든 근이 청량해진다.

불자들이여, 보살마하살이 이와 같은 안락함을 얻었을 때에 또 다시 마음을 내어 모든 부처님께 회향하여 이와 같은 생각을 하되 '원하오니 내가 지금 심은 선근으로써 모든 부처님의 즐거움이 점점 다시 더욱 수승하게 하여지이다.'라고 한다.

이른바 불가사의한 부처님의 머무르시는 바 즐거움과, 같이 견줄 수 없는 부처님 삼매의 즐거움과, 한량할 수 없는 대자비의 즐거움과, 일체 모든 부처님의 해탈의 즐거움과, 끝이 없는 큰 신통의 즐거움이다.

가장 지극하고 존중하며 크게 자재한 즐거움과, 광대하고 끝까지 이르는 한량없는 힘의 즐거움과, 모든

알고 느끼는 것을 여읜 적정한 즐거
움과, 걸림 없는 머무름에 머무르는
언제나 바른 선정의 즐거움과, 둘이
없는 행을 행하여 변해 달라지지 않
는 즐거움이다.

　불자들이여, 보살마하살이 모든
선근으로 부처님께 회향하고는 다시
이 선근으로 보살에게 회향한다.
　이른바 원이 원만하지 못한 자는
원만함을 얻게 하며, 마음이 청정하

지 못한 자는 청정함을 얻게 하며, 모든 바라밀이 만족하지 못한 자는 만족함을 얻게 한다.

금강과 같은 보리심에 편안히 머무르며, 일체지에서 퇴전하지 않음을 얻으며, 크게 정진함을 버리지 아니하여 보리문의 일체 선근을 수호한다.

능히 중생들로 하여금 아만을 버려여의고 보리심을 내게 하며, 소원을 성취하여 일체 보살의 머무르는 바에 편안히 머무르게 하며, 보살의 밝고 영리한 모든 근을 얻게 하며, 선

근을 닦아 익혀 살바야를 증득하게
한다.

불자들이여, 보살마하살이 모든
선근으로 이와 같이 보살에게 회향
하고는 다시 일체 중생에게 회향하
되 '원하오니 일체 중생에게 있는 바
선근이 내지 극히 적더라도 손가락
한 번 튕기는 동안에 부처님을 친견
하고 법을 들으며 성스러운 스님을
공경하여지이다.'라고 한다.

저 모든 선근이 모두 장애를 여의어서 부처님의 원만하심을 생각하며, 법의 방편을 생각하며, 스님의 존중함을 생각하며, 부처님 친견함을 떠나지 아니하여 마음이 청정함을 얻고, 모든 부처님의 법을 얻어 한량없는 덕을 모으며, 모든 신통을 깨끗이 하여 법에 대한 의심을 버리고 가르침을 의지하여 머무른다.

중생을 위하여 이와 같이 회향하

듯이 성문과 벽지불을 위하여 회향함도 또한 다시 이와 같다.

또 일체 중생이 지옥과 아귀와 축생과 염라왕 등의 일체 악한 곳을 영원히 여의고 위없는 보리심을 증장하며, 오롯한 뜻으로 일체종지를 부지런히 구하며, 모든 부처님의 바른 법을 길이 훼방하지 아니하며, 부처님의 안락을 얻고 몸과 마음이 청정하여 일체지를 증득하기를 원한다.

불자들이여, 보살마하살의 있는 바 선근은 모두 큰 서원으로 일으키되 바르게 일으키며, 모으되 바르게 모으며, 증장하되 바르게 증장하여 다 넓고 크며 구족하고 충만하게 한다.

불자들이여, 보살마하살이 집에 있어 처자와 함께 살지만, 일찍이 보리심을 잠시도 버리지 아니하고, 바른 생각으로 살바야의 경계를 사유하여 자기도 제도하고 남도 제도하여 끝까지 이르게 하며, 좋은 방편으로

자기의 권속을 교화하여 보살의 지
혜에 들게 하여 성숙해서 해탈케 한
다.

비록 더불어 함께 있으나 마음에
집착하는 바가 없고, 본래의 대비로
집에서 살고, 인자한 마음으로 처자
를 수순하지만 보살의 청정한 도에
는 장애가 없다.

보살마하살이 비록 집에 있어 모든
사업을 하지만 일찍이 잠깐도 일체

지혜의 마음을 버리지 아니한다.

　이른바 옷을 입거나, 맛난 음식을 먹거나, 탕약을 복용하거나, 세수하고 양치하고 바르고 만지거나, 몸을 돌리거나 돌아보거나, 가고 서고 앉고 눕거나, 몸과 말과 뜻의 업이거나, 자거나 깨거나 하는, 이와 같은 일체 모든 짓는 바가 있음에도 마음은 항상 살바야의 도에 회향하여 생각을 두고 사유하여 잠시도 버려 여의지 않는다.

일체 중생을 요익케 하기 위하여 보리의 한량없는 대원에 편안히 머무르며, 수없이 광대한 선근을 거두어 지니며, 모든 선을 부지런히 닦아 널리 일체를 구호하되 일체 교만과 방일을 길이 여의고 결정코 일체지의 지위에 나아간다.

마침내 다른 길에 향할 생각을 내지 아니하고 항상 일체 모든 부처님의 보리를 관하며, 일체 모든 잡되고 물드는 법을 길이 버리고 일체 보살이 배우는 것을 닦아 행한다.

일체지의 도에 걸리는 바가 없으
며, 지혜의 지위에 머물러 즐기고 좋
아하여 외우고 익히며, 한량없는 지
혜로 모든 선근을 모으며, 마음은 일
체 세간을 그리워하지 아니하고 또
한 행하는 행에 물들거나 집착하지
도 아니하며, 오롯한 마음으로 모든
부처님께서 가르치신 법을 받아 지
닙니다.

보살이 이와 같이 집에 머물러 살
면서 선근을 널리 거두어 그것을 증
장케 하여 모든 부처님의 위없는 보

리에 회향한다.

불자들이여, 보살이 그때에 축생에게까지 한 덩이의 밥과 한 톨의 곡식을 주더라도 다 이러한 서원을 세운다.

'마땅히 이들로 하여금 축생의 길을 버리고 이익하고 안락하여 마침내는 해탈케 하되 고통바다를 영원히 건너며, 괴로움의 느낌을 영원히 멸하며, 괴로움의 쌓임을 영원히 없애며, 괴로움의 감각을 영원히 끊으며, 괴로움의 무더기와 괴로움의 행과 괴로움의 인과 괴로움의 근본과 그리고 모든 괴로운 곳을 저 중생들이 모두 버려 여의기를 원한다.'

보살이 이와 같이 오롯한 마음으로 생각을 일체 중생에게 두고, 저 선근으로써 상수가 되어 그들을 위하여 일체종지에 회향한다.

보살이 처음 보리심을 내면서부터

중생들을 널리 거두어 모든 선근을 닦아 다 회향하는 것은 나고 죽음의 광야를 영원히 여의고 모든 여래의 걸림 없는 쾌락을 얻게 하려 함이다.

번뇌의 바다에서 벗어나 불법의 도를 닦게 하며, 인자한 마음이 두루 가득하고 가엾이 여기는 힘이 광대하여 널리 일체로 하여금 청정한 낙을 얻게 하려 함이다.

선근을 수호하고 불법을 친근하게 하며, 마군의 경계에서 벗어나 부처님의 경계에 들게 하며, 세간의 종자를 끊고 여래의 종자를 심으며, 삼세의 평등한 법에 머무르게 하려 함이다.

보살마하살이 이와 같이 있는 바, 이미 모았고 장차 모을 것이고 현재 모으는 선근을 모두 회향한다.

다시 이 생각을 하기를 '과거 모든 부처님과 보살들이 행하신 바와 같이 일체 모든 부처님께 공경하고 공양올린 것은, 모든 중생들을 제도하여 영원히 벗어나 여의게 하고, 부지런히 일체 선근을 더욱 닦아 익혀서 다 회향하되 집착하는 바가 없다.

이른바 색을 의지하지 않고, 느낌에 집착하지 않고, 전도된 생각이 없고, 행을 짓지 아니하고, 식을 취하지 아니하며, 육처를 버리고 떠나며, 세간법에 머무르지 아니하고, 출세간을 즐겨한다.

일체 법이 다 허공과 같아서 좇아온 곳이 없으며, 나지도 않고 멸하지도 않으며, 진실함도 없고 물들고 집착한 바도 없음을 알아서 일체 모든 분별하는 소견을 멀리 여의어 움직이지도 않고 바뀌지도 않으며, 잃지도 않고 무너지지도 않으며, 실제에 머물러서 모양도 없고 모양을 여의어서 오직 한 모양일 뿐이다.'라고 한다.

이와 같이 일체 법의 성품에 깊이 들어가고 넓은 문의 선근을 항상 즐겁게 익히고 행하여 일체 모든 부처님의 대중모임을 모두 본다.

저 과거 일체 여래께서 선근으로

회향하신 것처럼 나도 또한 이와 같이 회향하니, 이와 같은 법을 알며, 이와 같은 법을 증득하며, 이와 같은 법을 의지하여 발심해서 닦고 익히되 법의 모양을 어기지 아니한다.

닦는 행이 환과 같으며, 그림자와 같으며, 물속의 달과 같으며, 거울 속의 영상과 같아서 인과 연이 화합하여 나타나는 것임을 알며, 이에 여래의 구경의 지위에 이른다.

불자들이여, 보살마하살이 다시 이렇게 생각하기를 '과거의 모든 부처님께서 보살행을 닦으실 때에 모든 선근으로써 이와 같이 회향하신 것처럼 미래와 현재도 다 또한 이와 같이 하신다.

나도 이제 또한 마땅히 저 모든 부처님처럼 이와 같이 발심하여 모든 선근으로써 회향한다.

제일가는 회향이며, 수승한 회향이며, 가장 수승한 회향이며, 위가 되는 회향이며, 위없는 회향이며, 같음이 없는 회향이며, 같음이 없으면서 같은 회향이며, 견줄 이 없는 회향이며, 대적할 이 없는 회향이다.

존중한 회향이며, 미묘한 회향이며, 평등한 회향이며, 정직한 회향이며, 큰 공덕 회향이며, 광대한 회향이며, 선한 회향이며, 청정한 회향이며, 악을 여읜 회향이며, 악을 따르지 않는 회향이다.'라고 한다.

보살이 이와 같이 모든 선근으로써

바르게 회향하고는 청정한 몸과 말과 뜻의 업을 성취하여 보살이 머무르는 데에 머무르며, 모든 허물이 없으며, 선한 업을 닦아 익히며, 몸과 말의 악을 여의어 마음에 허물과 더러움이 없으며, 일체지를 닦아서 광대한 마음에 머무른다.

일체 법이 지을 바 없음을 알며, 출세간법에 머물러 세간법이 물들이지 못하며, 한량없는 모든 업을 분별하고 분명히 알아서 회향하는 선교방편을 성취하며, 일체 집착하는 근본을 영원히 빼어버린다.

　불자들이여, 이것이 보살마하살의 셋째 일체 부처님과 동등한 회향이다.

　보살마하살이 이 회향에 머무르면 일체 모든 여래의 업에 깊이 들어가며, 여래의 수승하고 묘한 공덕에 나아가며, 깊고 청정한 지혜의 경계에 들어간다.

　일체 모든 보살들의 업을 여의지

아니하며, 능히 교묘한 방편을 잘 분별하며, 깊은 법계에 들어가 보살의 수행하는 차례를 잘 알며, 부처님의 종성에 들어가 공교한 방편으로 한량없고 가없는 일체 법을 분별하여 분명히 알며, 비록 다시 몸을 나타내어 세상에 태어나더라도 세상법에 마음이 집착하지 않는다."

그때에 금강당 보살이 부처님의 위신력을 받들어 시방을 널리 살펴보고 곧 게송을 설하여 말씀하였다.

저 모든 보살마하살이

과거 부처님의

회향법을 닦고

또한 미래와

현재세의

일체 도사께서

행하시는 바를

배우도다.

모든 경계에서
안락을 얻어
모든 부처님 여래께서
칭찬하시는 바이니
넓고 큰 광명의
청정한 눈으로
모두 크게 밝으신 분께
회향하도다.

보살들의 신근이
갖가지로 안락하고
눈과 귀와 코와 혀도

또한 다시 그러하니
이와 같이 한량없는
가장 묘한 낙으로
다 모든 가장 수승함에
회향하도다.

일체 세간의
온갖 선한 법과
모든 여래께서
성취하신 바를
저기에 남김없이
모두 거두어

다 따라 기뻐하며
중생을 이익케 하도다.

세간에 따라 기뻐함이
한량없는 종류라
지금 이 회향으로
중생들을 위하니
사람 중의 사자께서
있는 바 즐거움을
군맹들로 하여금
다 원만케 하소서.

일체 국토

모든 여래의

무릇 알고 보시는 바

갖가지 즐거움을

중생들로 하여금

모두 다 얻어서

세상을 비추는

큰 밝은 등이 되게 하소서.

보살이 얻은

수승하고 미묘한 즐거움을

다 모든 군생들에게

회향하니

비록 군생들을 위하므로

회향하지만

회향에

집착하는 바가 없도다.

보살이 이 회향을

닦아 행하고

한량없는 대비심을

일으켜서

부처님께서 닦으신 바

회향의 덕과 같이

나도 닦아 행하여
다 원만히 이루길 원하도다.

모든 가장 수승한 분이
성취한 바와 같은
일체 지혜 수레의
미묘한 즐거움과
그리고 내가
세상에서 행한 바와
모든 보살행의
한량없는 즐거움과

온갖 갈래에 듦을 보이는
안온한 즐거움과
항상 모든 근을 지키는
적정한 즐거움을
다 모든 군생들에게
회향하여
널리 위없는 지혜를
닦아 이루게 하도다.

몸과 말과 뜻은
곧 업이 아니나
또한 이것을 떠나

따로 있지도 않으니
다만 방편으로
어리석음의 어두움을 없애고
이와 같이 위없는 지혜를
닦아 이루도다.

보살이 닦은 바
모든 행의 업으로
한량없는 수승한 공덕을
쌓아 모아서
여래를 수순하여
부처님의 집에 태어나니

고요하고 산란하지 않는
바른 회향이로다.

시방의 일체
모든 세계에
있는 바 중생들을
모두 거두어 주고
다 선근으로
그들에게 회향하여
안온한 즐거움을
구족하게 하리라.

자신을 위하여
이익을 구하지 아니하고
일체가 다
안락케 하려 하되
일찍이 잠시도
희론의 마음을 일으키지 않고
다만 제법이 공하고
무아임을 관하도다.

시방의 한량없는
모든 가장 수승한 이의
보시는 바

일체 진실한 불자들
모두 선근으로
그들에게 회향하여
속히 위없는 깨달음
이루기를 원하도다.

일체 세간의
중생들 부류를
평등한 마음으로
남김없이 거두어
내가 행한
모든 선한 업으로

저 중생들이
속히 성불하게 하도다.

한량없고 가없는
모든 대원은
위없는 도사께서
연설하신 것이니
원컨대 모든 불자들이
다 청정하여
그 마음의 즐김을 따라
다 원만히 이루어지이다.

시방의 모든 세계를

널리 관하고

모두 공덕으로

그들에게 베풀어

다 미묘한 장엄

갖추기를 원하니

보살이 이와 같이

회향을 배우도다.

마음이 모든 두 가지 법을

헤아리지 않고

다만 항상 둘 없는 법을

요달하여

모든 법이 둘이거나

둘 아니거나

그 가운데 끝까지

집착하는 바가 없도다.

시방의 일체

모든 세간은

모두 중생들의 생각으로

분별함이니

생각과 생각 아님에

얻을 것 없어서

이와 같이 모든 생각을
요달하도다.

저 모든 보살들의 몸이
청정해지니
곧 뜻도 청정하여
허물과 더러움이 없으며
어업이 이미 청정하여
모든 허물이 없으니
뜻도 청정하여
집착이 없음을 알지어다.

일심으로 과거 부처님을

바르게 생각하고

또한 미래

모든 도사와

현재 천인의 높으신 분도

기억하여

그 설하신 법을

다 배우도다.

삼세 일체

모든 여래께서

지혜가 밝게 통달하여

마음에 걸림이 없어
중생들을 이익케
하기 위하여
보리에 회향하는
온갖 업을 모으시도다.

저 제일가는 지혜와
광대한 지혜와
허망하지 않은 지혜와
전도됨 없는 지혜와
평등하고 진실한 지혜와
청정한 지혜와

가장 수승한 지혜 있는 분이

이같이 설하시도다.

"불자들이여, 무엇을 보살마하살의 일체 처에 이르는 회향이라 하는가?

불자들이여, 이 보살마하살이 일체 모든 선근을 닦아 익힐 때에 이런 생각을 하여 말한다.

'원하오니 이 선근 공덕의 힘으로 일체 처에 이르러지이다. 비유하면 실제가 이르지 못하는 곳이 없어서 일체 물건에 이르고, 일체 세간에 이르고, 일체 중생에게 이르고, 일체 국토에 이르고, 일체 법에 이르고, 일체 허공에 이르고, 일체 삼세에 이르고, 일체 유위와 무위에 이르고, 일체 말과 음성에 이르는 것과 같다.

원하오니 이 선근도 또한 다시 이와 같아서 일체 모든 여래의 처소에 두루 이르러 삼세의 일체 모든 부처님께 공양올리되, 과거의 모든 부처님은 소원을 다 만족하시고, 미래의 모든 부처님은 장엄을 구족하시고, 현재의 모든 부처님과 그 국토와 도

량의 대중모임이 일체의 허공 법계에 두루 가득하여지이다.

　원하오니 믿고 이해하는 큰 위신력인 까닭이며, 광대한 지혜가 장애함이 없는 까닭이며, 일체 선근을 다 회향하는 까닭으로, 모든 하늘과 같은 모든 공양구로써 공양올려 한량없고 가없는 세계에 충만하여지이다.'라고 한다.

　불자들이여, 보살마하살이 다시

이 생각을 한다.

'모든 부처님 세존께서 일체 허공 법계와 갖가지 업으로 일어난 시방의 말할 수 없는 일체 세계종의 세계와 말할 수 없는 부처님의 국토와 부처님의 경계와 갖가지 세계와 한량없는 세계와 분제가 없는 세계와 회전하는 세계와 기울어진 세계와 젖혀진 세계와 엎어진 세계에 널리 두루하신다.

이와 같은 일체 모든 세계에 나타나 오래 머무르시어 갖가지 신통 변화를 나타내 보이시는데, 저 어떤 보살은 수승한 이해의 힘으로써 교화를 받을 만한 모든 중생들을 위하여 저 일체 모든 세계 가운데 여래로 화현하여 세상에 출현한다.

일체 처에 이르는 지혜로 여래의 한량없고 자재한 위신력을 널리 두루 열어 보이며, 법신이 두루 나아가서 차별이 없으며, 일체 법계에 평등하게 널리 들어가며, 여래장신이 나지도 않고 멸하지도 않으나 선교방편으로 세간에 널리 나타난다.

법의 진실한 성품을 증득하여 일체를 초월한 까닭이며, 퇴전하지 않고 걸림 없는 힘을 얻은 까닭이며, 여래의 걸림 없는 지견과 광대한 위덕의 종성 가운데 태어난 까닭이다.'

불자들이여, 보살마하살이 그가 심은 바 일체 선근으로써 이와 같이 모든 여래의 처소에 온갖 미묘한 꽃과 온갖 미묘한 향과 화만과 일산과 깃대와 깃발과 의복과 등촉과 그리고 나머지 일체 모든 장엄구로써 공양올리기를 원하며, 부처님의 형상이나 부처님의 탑묘에도 다 또한 이와 같이 한다.

이 선근으로써 이와 같이 회향한다. 이른바 산란하지 않은 회향과 일심으로 하는 회향과 제 뜻으로 하는 회향과 존경하는 회향과 흔들리지 않는 회향과 머무름이 없는 회향과 의지함이 없는 회향과 중생 마음이 없는 회향과 조급하고 다투는 마음이 없는 회향과 적정한 마음의 회향이다.

　　다시 이 생각을 한다.
　'온 법계 허공계에서 과거와 미래와 현재의 일체 겁 동안 모든 부처님 세존께서 일체지를 얻어 보리도를 이루신다. 한량없는 명호가 각각 다른데, 갖가지 시기에 출현하여 정각을 이루시어 모두 다 오래 계시면서 미래제가 다하도록 낱낱이 각각 법계의 장엄으로 그 몸을 장엄하신다.

도량에 모인 대중들도 법계에 두루
하여 일체 국토에서 때를 따라 출현
하여 불사를 짓는다.

이와 같은 일체 모든 부처님 여래
께 내가 선근으로 널리 다 회향하리
니, 원컨대 수없는 향 일산과 수없는
향 당기와 수없는 향 깃발과 수없는
향 휘장과 수없는 향 그물과 수없는
향 형상과 수없는 향 광명과 수없는
향 불꽃과 수없는 향 구름과 수없는
향 평상과 수없는 향 경행하는 곳과
수없는 향 머무르는 곳과 수없는 향

세계와 수없는 향 산과 수없는 향 바다와 수없는 향 강과 수없는 향 나무와 수없는 향 의복과 수없는 향 연꽃과 수없는 향 궁전이다.

한량없는 꽃 일산과 널리 말하여 내지 한량없는 꽃 궁전이며, 가없는 화만 일산과 널리 말하여 내지 가없는 화만 궁전이며, 같음이 없는 바르는 향 일산과 널리 말하여 내지 같음이 없는 바르는 향 궁전이며, 셀 수 없는 가루향 일산과 널리 말하여 내지 셀 수 없는 가루향 궁전이다.

일컬을 수 없는 옷 일산과 널리 말하여 내지 일컬을 수 없는 옷 궁전이며, 생각할 수 없는 보배 일산과 널리 말하여 내지 생각할 수 없는 보배 궁전이며, 헤아릴 수 없는 등 광명 일산과 널리 말하여 내지 헤아릴 수 없는 등 광명 궁전이며, 말할 수 없는 장엄구 일산과 널리 말하여 내지 말할 수 없는 장엄구 궁전이다.

말할 수 없이 말할 수 없는 마니보배 일산과, 말할 수 없이 말할 수 없는 마니보배 당기이다.

이와 같이 마니보배 깃발과 마니보배 휘장과 마니보배 그물과 마니보배 형상과 마니보배 광명과 마니보배 불꽃과 마니보배 구름과 마니보배 평상과 마니보배 경행하는 땅과 마니보배 머무르는 곳과 마니보배 세계와 마니보배 산과 마니보배 바다와 마니보배 강과 마니보배 나무와 마니보배 의복과 마니보배 연꽃과 마니보배 궁전이 다 말할 수 없이 말할 수 없다.

이와 같은 낱낱 모든 경계 가운데

각각 수없는 난간과 수없는 궁전과 수없는 누각과 수없는 문과 수없는 반달과 수없는 망루와 수없는 창호와 수없는 청정한 보배와 수없는 장엄구가 있다.

이와 같은 등의 모든 공양물로써 위에서 말한 바와 같은 모든 부처님 세존께 공경하고 공양올리리라.'고 한다.

원하오니 일체 세간이 다 청정함을

얻고, 일체 중생이 다 벗어남을 얻어 십력의 지위에 머물러서 일체 법 가운데 걸림 없는 법의 밝음을 얻게 한다.

일체 중생이 선근을 구족하여 다 조복함을 얻으며, 그 마음이 한량없어서 허공계와 같으며, 일체 세계에 가되 이르는 바가 없으며, 일체 국토에 들어가서 모든 선한 법을 베풀게 한다.

항상 부처님을 친견하고 모든 선근을 심으며, 대승을 성취하여 모든 법

에 집착하지 않으며, 온갖 선을 구족
하여 한량없는 행을 세우며, 가없는
일체 법계에 널리 들어가며, 모든 부
처님의 신통력을 성취하며, 여래의
일체지지를 얻게 한다.

비유하면 무아가 모든 법을 널리
포섭하듯이, 나의 모든 선근도 또한
다시 이와 같아서 일체 모든 부처님
여래를 널리 포섭하니 모두 다 공양
올려서 남음이 없는 까닭이다.

　　일체 한량없는 모든 법을 널리 포
섭하니 다 능히 깨달아서 장애가 없
는 까닭이며, 일체 모든 보살 대중들
을 널리 포섭하니 구경에 다 선근이
같은 까닭이다.

　　일체 모든 보살들의 행을 널리 포
섭하니 본래의 원력이 다 원만한 까
닭이며, 일체 보살의 법의 밝음을 널
리 포섭하니 모든 법을 요달하여 다
걸림이 없는 까닭이다.

　　모든 부처님의 큰 신통력을 널리
포섭하니 한량없는 모든 선근을 성

취하는 까닭이며, 모든 부처님의 힘과 두려움 없음을 널리 포섭하니 한량없는 마음을 내어 일체에 가득한 까닭이다.

보살들의 삼매와 변재와 다라니문을 널리 포섭하니 둘이 없는 법을 잘 능히 비추어 아는 까닭이며, 모든 부처님의 선교방편을 널리 포섭하니 여래의 큰 위신력을 나타내 보이는 까닭이다.

삼세의 일체 모든 부처님께서 탄생하시고 성도하시고 바른 법륜을 굴

리시고 중생을 조복하시고 열반에
드심을 널리 포섭하니 공경하고 공
양하여 다 두루하는 까닭이다.

시방의 일체 세계를 널리 포섭하니
부처님 세계를 다 끝까지 청정하게
장엄하는 까닭이며, 일체 모든 광대
한 겁을 널리 포섭하니 그 가운데 출
현하여 보살행을 닦아서 끊어짐이
없는 까닭이다.

일체의 있는 바 갈래에 태어남을

널리 포섭하니 다 그 가운데 태어남
을 나타내는 까닭이며, 일체 모든 중
생계를 널리 포섭하니 보현보살의 행
을 구족하는 까닭이며, 일체 모든 미
혹과 습기를 널리 포섭하니 다 방편
으로 청정하게 하는 까닭이다.

일체 중생의 모든 근을 널리 포섭
하니 한량없는 차별을 다 분명히 아
는 까닭이며, 일체 중생의 이해와 욕
망을 널리 포섭하니 잡되고 물듦을
여의고 청정함을 얻게 하는 까닭이
며, 일체 중생을 교화하는 행을 널리

포섭하니 그 알맞은 바를 따라 몸을 나타내는 까닭이다.

일체 중생에게 알맞은 도를 널리 포섭하니 일체 중생계에 다 들어가는 까닭이며, 일체 여래의 지혜 성품을 널리 포섭하니 일체 모든 부처님의 가르침을 보호하여 지니는 까닭이다.

불자들이여, 보살마하살이 모든 선근으로 이와 같이 회향할 때에 얼을 것 없는 것으로써 방편을 삼아, 업 가운데서 과보를 분별하지 않고 과보 가운데서 업을 분별하지 않는다.

비록 분별함이 없으나 법계에 널리 들어가며, 비록 짓는 바가 없으나 항상 선근에 머무르며, 비록 일으키는 바가 없으나 수승한 법을 부지런히 닦으며, 모든 법을 믿지 않으나 능히 깊이 들어가며, 법에 있지 않으나 다 알고 본다.

짓거나 짓지 않거나 다 얻을 수 없

으며, 모든 법의 성품을 알지만 항상 자재하지 않으며, 비록 모든 법을 다 보지만 보는 바가 없으며, 일체를 널리 알지만 아는 바가 없다.

보살이 이와 같이 경계를 분명히 알아 일체 법은 인연으로 근본이 됨을 알며, 일체 모든 부처님의 법신을 보아 일체 법이 물듦을 떠난 실제에 이르며, 세간이 다 변화함과 같음을 알며, 중생은 오직 한 가지 법이고

두 성품이 없음을 밝게 통달하며, 업과 경계의 선교방편을 버리지 아니한다.

유위의 경계에서 무위의 법을 보이되 유위의 모양을 파괴하여 없애지 아니하며, 무위의 경계에서 유위의 법을 보이되 무위의 모양을 분별하지 아니한다.

보살이 이와 같이 일체 법이 필경에 적멸함을 관찰하여 일체 청정한 선근을 성취하여 중생을 구호하려는 마음을 낸다. 지혜가 일체 법의 바다를 밝게 통달하여 어리석음을 여의는 법을 항상 즐겁게 수행하며, 이미 세간을 벗어나는 공덕을 구족하게 성취하여 다시 세간의 법을 수학하지 아니하며, 깨끗한 지혜의 눈을 얻어 모든 어리석은 눈병을 떠나 좋은 방편으로 회향하는 도를 닦는다.

불자들이여, 보살마하살이 모든

선근으로 이와 같이 회향하여 일체 모든 부처님의 마음에 잘 맞으며, 일체 모든 부처님의 국토를 깨끗이 장엄하며, 일체 중생을 교화하여 성숙시키며, 일체 부처님 법을 구족하게 받아 지니며, 일체 중생의 가장 높은 복전이 된다.

일체 상인의 지혜로운 인도자가 되며, 일체 세간의 청정한 태양이 되며, 낱낱 선근이 법계에 두루 충만하며, 일체 중생을 다 능히 구호하여 모두 일체 공덕을 청정히 구족하게 한다.

불자들이여, 보살마하살이 이와 같이 회향할 때에 능히 일체 부처님 종자를 보호하여 지니며, 능히 일체 중생을 성숙하게 하며, 일체 국토를 능히 청정하게 장엄하며, 능히 일체 모든 업을 깨뜨리지 아니한다.

능히 일체 모든 법을 분명히 알며, 능히 모든 법이 둘이 없음을 평등하게 관찰하며, 능히 시방세계에 두루 가며, 능히 탐욕을 여읜 실제를 요달하며, 능히 청정한 믿음과 이해를 성취하며, 능히 밝고 예리한 모든 근을 구족한다.

　불자들이여, 이것이 보살마하살의 넷째 일체 처에 이르는 회향이다.

　보살마하살이 이 회향에 머무를 때에 일체 처에 이르는 몸의 업을 얻으니 널리 능히 일체 세계에 응하여 나타나는 까닭이며, 일체 처에 이르는 말의 업을 얻으니 일체 세계에서 법을 연설하는 까닭이며, 일체 처에 이르는 뜻의 업을 얻으니 일체 부처님께서 말씀하신 법을 받아 지니는 까닭이다.

일체 처에 이르는 신족통을 얻으니 중생 마음을 따라 다 가서 응하는 까닭이며, 일체 처에 이르는 따라 증득하는 지혜를 얻으니 널리 능히 일체 법을 요달한 까닭이며, 일체 처에 이르는 총지와 변재를 얻으니 중생 마음을 따라 환희케 하는 까닭이다.

일체 처에 이르는 법계에 들어감을 얻으니 한 모공 가운데 일체 세계가 널리 들어가는 까닭이며, 일체 처에

이르는 두루 들어가는 몸을 얻으니
한 중생의 몸에 일체 중생의 몸이 널
리 들어가는 까닭이다.

일체 처에 이르는 널리 보는 겁을
얻으니 낱낱 겁 가운데 일체 모든 여
래를 항상 보는 까닭이며, 일체 처에
이르는 널리 보는 생각을 얻으니 낱
낱 생각 가운데 일체 모든 부처님께
서 모두 앞에 나타나시는 까닭이다.

불자들이여, 보살마하살이 일체
처에 이르는 회향을 얻으면 능히 선
근으로써 이와 같이 회향한다."

그때에 금강당 보살이 부처님의 위
신력을 받들어 시방을 널리 살펴보
고 게송을 설하여 말씀하였다.

안과 밖의

일체 모든 세간에

보살은 모두

다 집착하는 바 없고

중생을 요익하는 업을

버리지 않으니

대사가 이러한 지혜를

닦아 행하도다.

시방에 있는 바
모든 국토에
일체 의지함도 없고
머무르는 바도 없어
살아가는 온갖 법을
취하지 않으며
또한 모든 분별을
허망하게 일으키지 않도다.

시방세계 가운데

일체 중생을

남김없이

널리 거두되

그 체성이

있는 바 없음을 관하여

일체 처에 이르도록

잘 회향하도다.

유위법과 무위법을

널리 거두되

그 가운데 망념을

일으키지 않고

세간에서와 같이
법에도 또한 그러하니
세상을 비추는 밝은 등이
이렇게 깨달았도다.

보살이 닦은 바
모든 업과 행이
상품과 중품과 하품이
각각 다르나
모두 선근으로써
저 시방의
일체 모든 여래께

회향하도다.

보살이 회향하여

피안에 이르러

여래를 따라 배워

다 성취하고

항상 묘한 지혜로써

잘 사유하여

사람 가운데

가장 수승한 법을 구족하도다.

청정한 선근으로

널리 회향하여

미혹한 중생들을 이익하려

늘 버리지 않고

다 일체

모든 중생들로 하여금

위없는 세상을 비추는

등불을 이루게 하도다.

일찍이 중생들을 분별하여

취하지 않고

또한 망상으로

모든 법을 생각지 않으니

비록 세간에 물들거나
집착함이 없으나
또한 다시 모든 함식들을
버리지 않도다.

보살이
적멸한 법을 늘 즐기고
수순하여
열반의 경계에 이르나
또한 중생의 길을
버리지 않고
이와 같은 등의

미묘한 지혜를 얻도다.

보살은 일찍이
업을 분별하지 않으며
또한 모든 과보에도
집착하지 않으니
일체 세간이
연을 따라 남이라
인연을 여의지 않고
모든 법을 보도다.

이와 같은 모든 경계에

깊이 들어갔으나

그 가운데 분별을

일으키지 않으니

일체 중생의

조어사께서

이것을 밝게 알고

잘 회향하시도다.

〈대방광불화엄경 제24권〉

아차보현수승행
무변승복개회향
보원침익제중생
속왕무량광불찰

시방삼세일체불
제존보살마하살
마하반야바라밀

我此普賢殊勝行
無邊勝福皆迴向
普願沈溺諸眾生
速往無量光佛剎

十方三世一切佛
諸尊菩薩摩訶薩
摩訶般若波羅蜜

大方廣佛華嚴經
───
부록

•

대방광불화엄경 목차

•

간행사

대방광불화엄경
목차

간 행 사

　귀의삼보 하옵고,

　『대방광불화엄경』의 수지 독송과 유통을 발원하면서 수미정사 불전연구원에서『독송본 한문·한글역 대방광불화엄경』과『사경본 한글역 대방광불화엄경』을 편찬하여 간행하게 되었습니다.

　『화엄경』은 우리나라에 전래된 이래 일찍부터 사경되고 주석·강설되어 왔으며 근현대에 이르러서는『화엄경』의 한글 번역과 연구도 부쩍 많이 이루어졌습니다. 그만큼『화엄경』이 우리 불자님들의 신행과 해탈에 큰 의지처가 되었던 것임을 알 수 있습니다.

　『화엄경』을 독송하고 사경하는 공덕은 설법 공덕과 함께 크게 강조되어 왔습니다. 그리하여 수미정사 불전연구원에서도『화엄경』(80권)을 독송하고 사경하는 데 도움이 되도록 한문 원문과 한글역을 함께 수록한 독송본과 한글역의 사경본『화엄경』간행불사를 발원하였습니다. 이『화엄경』간행불사에 뜻을 같이하여 적극 후원해주신 스님들과 재가 불자님들께 깊이 감사드립니다. 또한『화엄경』을 수지 독송할 수 있도록 경책의 모습으로 장엄해 주신 편집위원들과 담앤북스 출판사 관계자들께도 고마움을 표합니다.

　끝으로 이 불사의 원만 회향으로『화엄경』이 널리 유통되고, 온 법계에 부처님의 가피가 충만하시길 기원드립니다.

　나무 대방광불화엄경

불기 2564년 '부처님오신날'을 봉축하며
수미해주 합장

위태천신(동진보살)

수미해주 須彌海住

동국대학교 명예교수
중앙승가대학교 법인이사
대한불교조계종 수미정사 주지

사경본 한글역
대방광불화엄경 제24권

| **초판 1쇄 발행**_ 2022년 5월 24일

| **엮은이**_ 수미해주
| **엮은곳**_ 수미정사 불전연구원
| **편집위원**_ 해주 수정 경진 선초 정천 석도 박보람 최원섭
| **편집보**_ 무이 무진 지욱 혜명

| **펴낸이**_ 오세룡
| **펴낸곳**_ 담앤북스
　　　　　서울특별시 종로구 새문안로3길 23 경희궁의 아침 4단지 805호
　　　　　대표전화 02)765-1251 전자우편 damnbooks@hanmail.net
　　　　　출판등록 제300-2011-115호
| **ISBN**_ 979-11-6201-374-8 04220

정가 10,000원